Guest Book

Love Parties

Guest List

_____   _____

_____   _____

_____   _____

_____   _____

_____   _____

_____   _____

_____   _____

_____   _____

_____   _____

_____   _____

Guest List

_____   _____

_____   _____

_____   _____

_____   _____

_____   _____

_____   _____

_____   _____

_____   _____

_____   _____

_____   _____

Guest Name

_____

_____

Message to Treasure

_____

_____

_____

_____

Guest Name

_____

_____

Message to Treasure

_____

_____

_____

_____

Guest Name

_____

_____

Message to Treasure

_____

_____

_____

Guest Name

_____

_____

Message to Treasure

_____

_____

_____

_____

Guest Name

_____

_____

Message to Treasure

_____

_____

_____

_____

_____

Guest Name

_____

_____

Message to Treasure

_____

_____

_____

_____

Guest Name

_____

_____

Message to Treasure

_____

_____

_____

_____

Guest Name

_____

_____

Message to Treasure

_____

_____

_____

_____

Guest Name

_____

_____

Message to Treasure

_____

_____

_____

_____

Guest Name

_____

_____

Message to Treasure

_____

_____

_____

_____

Guest Name

_____

_____

Message to Treasure

_____

_____

_____

_____

Guest Name

_____

_____

Message to Treasure

_____

_____

_____

_____

Guest Name

_____

_____

Message to Treasure

_____

_____

_____

_____

Guest Name

_____

_____

Message to Treasure

_____

_____

_____

_____

Guest Name

_____

_____

Message to Treasure

_____

_____

_____

_____

Guest Name

_____

_____

Message to Treasure

_____

_____

_____

_____

Guest Name

_____

_____

Message to Treasure

_____

_____

_____

_____

Guest Name

_____

_____

Message to Treasure

_____

_____

_____

_____

Guest Name

_____

_____

Message to Treasure

_____

_____

_____

_____

Guest Name

_____

_____

Message to Treasure

_____

_____

_____

_____

Guest Name

_____

_____

Message to Treasure

_____

_____

_____

_____

Guest Name

_____

_____

Message to Treasure

_____

_____

_____

_____

Guest Name

_____

_____

Message to Treasure

_____

_____

_____

_____

Guest Name

_____

_____

Message to Treasure

_____

_____

_____

_____

Guest Name

_____

_____

Message to Treasure

_____

_____

_____

_____

Guest Name

_____

_____

Message to Treasure

_____

_____

_____

_____

Guest Name

_____

_____

Message to Treasure

_____

_____

_____

_____

Guest Name

_____

_____

Message to Treasure

_____

_____

_____

_____

Guest Name

_____

_____

Message to Treasure

_____

_____

_____

_____

_____

Guest Name

_____

_____

Message to Treasure

_____

_____

_____

_____

Guest Name

_____

_____

Message to Treasure

_____

_____

_____

_____

Guest Name

_____

_____

Message to Treasure

_____

_____

_____

_____

Guest Name

_____

_____

Message to Treasure

_____

_____

_____

_____

Guest Name

_____

_____

Message to Treasure

_____

_____

_____

_____

Guest Name

_____

_____

Message to Treasure

_____

_____

_____

_____

Guest Name

_____

_____

Message to Treasure

_____

_____

_____

_____

Guest Name

_____

_____

Message to Treasure

_____

_____

_____

_____

Guest Name

_____

_____

Message to Treasure

_____

_____

_____

_____

Guest Name

_____

_____

Message to Treasure

_____

_____

_____

_____

Guest Name

_____

_____

Message to Treasure

_____

_____

_____

_____

Guest Name

_____

_____

Message to Treasure

_____

_____

_____

_____

Guest Name

_____

_____

Message to Treasure

_____

_____

_____

_____

Guest Name

_____

_____

Message to Treasure

_____

_____

_____

_____

Guest Name

_____

_____

Message to Treasure

_____

_____

_____

_____

Guest Name

_____

_____

Message to Treasure

_____

_____

_____

_____

Guest Name

_____

_____

Message to Treasure

_____

_____

_____

_____

Guest Name

_____

_____

Message to Treasure

_____

_____

_____

_____

Guest Name

_____

_____

Message to Treasure

_____

_____

_____

_____

Guest Name

_____

_____

Message to Treasure

_____

_____

_____

Guest Name

_____

_____

Message to Treasure

_____

_____

_____

_____

Guest Name

_____

_____

Message to Treasure

_____

_____

_____

_____

Guest Name

_____

_____

Message to Treasure

_____

_____

_____

_____

Guest Name

_____

_____

Message to Treasure

_____

_____

_____

_____

Guest Name

_____

_____

Message to Treasure

_____

_____

_____

_____

Guest Name

_____

_____

Message to Treasure

_____

_____

_____

_____

Guest Name

_____

_____

Message to Treasure

_____

_____

_____

_____

Guest Name

_____

_____

Message to Treasure

_____

_____

_____

_____

Guest Name

_____

_____

Message to Treasure

_____

_____

_____

_____

Guest Name

_____

_____

Message to Treasure

_____

_____

_____

_____

Guest Name

_____

_____

Message to Treasure

_____

_____

_____

_____

Guest Name

_____

_____

Message to Treasure

_____

_____

_____

_____

Guest Name

_____

_____

Message to Treasure

_____

_____

_____

_____

Guest Name

_____

_____

Message to Treasure

_____

_____

_____

_____

Guest Name

_____

_____

Message to Treasure

_____

_____

_____

_____

Guest Name

_____

_____

Message to Treasure

_____

_____

_____

_____

Guest Name

_____

_____

Message to Treasure

_____

_____

_____

_____

Guest Name

_____

_____

Message to Treasure

_____

_____

_____

_____

Guest Name

_____

_____

Message to Treasure

_____

_____

_____

_____

Guest Name

_____

_____

Message to Treasure

_____

_____

_____

_____

Guest Name

_____

_____

Message to Treasure

_____

_____

_____

_____

Guest Name

_____

_____

Message to Treasure

_____

_____

_____

_____

Guest Name

_____

_____

Message to Treasure

_____

_____

_____

_____

Guest Name

_____

_____

Message to Treasure

_____

_____

_____

_____

Guest Name

_____

_____

Message to Treasure

_____

_____

_____

_____

Guest Name

_____

_____

Message to Treasure

_____

_____

_____

_____

Guest Name

_____

_____

Message to Treasure

_____

_____

_____

_____

Guest Name

_____

_____

Message to Treasure

_____

_____

_____

_____

Guest Name

_____

_____

Message to Treasure

_____

_____

_____

_____

Guest Name

_____

_____

Message to Treasure

_____

_____

_____

_____

Guest Name

_____

_____

Message to Treasure

_____

_____

_____

_____

Guest Name

_____

_____

Message to Treasure

_____

_____

_____

_____

Guest Name

_____

_____

Message to Treasure

_____

_____

_____

_____

Guest Name

_____

_____

Message to Treasure

_____

_____

_____

_____

Guest Name

_____

_____

Message to Treasure

_____

_____

_____

_____

Guest Name

_____

_____

Message to Treasure

_____

_____

_____

_____

Guest Name

_____

_____

Message to Treasure

_____

_____

_____

_____

Guest Name

_____

_____

Message to Treasure

_____

_____

_____

_____

Guest Name

_____

_____

Message to Treasure

_____

_____

_____

_____

Guest Name

_____

_____

Message to Treasure

_____

_____

_____

_____

Guest Name

_____

_____

Message to Treasure

_____

_____

_____

_____

Guest Name

_____

_____

Message to Treasure

_____

_____

_____

_____

Guest Name

_____

_____

Message to Treasure

_____

_____

_____

_____

Guest Name

_____

_____

Message to Treasure

_____

_____

_____

_____

Guest Name

_____

_____

Message to Treasure

_____

_____

_____

_____

Guest Name

_____

_____

Message to Treasure

_____

_____

_____

_____

Guest Name

_____

_____

Message to Treasure

_____

_____

_____

_____

Guest Name

_____

_____

Message to Treasure

_____

_____

_____

_____

Guest Name

_____

_____

Message to Treasure

_____

_____

_____

_____

Guest Name

_____

_____

Message to Treasure

_____

_____

_____

_____

Guest Name

_____

_____

Message to Treasure

_____

_____

_____

_____

Guest Name

_____

_____

Message to Treasure

_____

_____

_____

_____

Guest Name

_____

_____

Message to Treasure

_____

_____

_____

_____

Guest Name

_____

_____

Message to Treasure

_____

_____

_____

_____

Guest Name

_____

_____

Message to Treasure

_____

_____

_____

_____

Guest Name

_____

_____

Message to Treasure

_____

_____

_____

_____

Guest Name

_____

_____

Message to Treasure

_____

_____

_____

_____

Guest Name

_____

_____

Message to Treasure

_____

_____

_____

_____

Guest Name

_____

_____

Message to Treasure

_____

_____

_____

_____

Guest Name

_____

_____

Message to Treasure

_____

_____

_____

_____

Guest Name

_____

_____

Message to Treasure

_____

_____

_____

_____

Guest Name

_____

_____

Message to Treasure

_____

_____

_____

_____

Guest Name

_____

_____

Message to Treasure

_____

_____

_____

_____

Guest Name

_____

_____

Message to Treasure

_____

_____

_____

_____

_____

Guest Name

_____

_____

Message to Treasure

_____

_____

_____

_____

_____

Guest Name

_____

_____

Message to Treasure

_____

_____

_____

_____

Guest Name

_____

_____

Message to Treasure

_____

_____

_____

_____

Guest Name

_____

_____

Message to Treasure

_____

_____

_____

_____

_____

Guest Name

_____

_____

Message to Treasure

_____

_____

_____

_____

_____

Guest Name

_____

_____

Message to Treasure

_____

_____

_____

_____

_____

Guest Name

_____

_____

Message to Treasure

_____

_____

_____

_____

Guest Name

_____

_____

Message to Treasure

_____

_____

_____

_____

Guest Name

_____

_____

Message to Treasure

_____

_____

_____

_____

Guest Name

_____

_____

Message to Treasure

_____

_____

_____

_____

_____

Guest Name

_____

_____

Message to Treasure

_____

_____

_____

_____

Guest Name

_____

_____

Message to Treasure

_____

_____

_____

_____

Guest Name

_____

_____

Message to Treasure

_____

_____

_____

_____

Guest Name

_____

_____

Message to Treasure

_____

_____

_____

_____

Guest Name

_____

_____

Message to Treasure

_____

_____

_____

_____

Guest Name

_____

_____

Message to Treasure

_____

_____

_____

_____

Guest Name

_____

_____

Message to Treasure

_____

_____

_____

_____

Guest Name

_____

_____

Message to Treasure

_____

_____

_____

_____

Guest Name

_____

_____

Message to Treasure

_____

_____

_____

_____

Guest Name

_____

_____

Message to Treasure

_____

_____

_____

_____

Guest Name

_____

_____

Message to Treasure

_____

_____

_____

_____

Guest Name

_____

_____

Message to Treasure

_____

_____

_____

_____

Guest Name

_____

_____

Message to Treasure

_____

_____

_____

_____

Guest Name

_____

_____

Message to Treasure

_____

_____

_____

_____

Guest Name

_____

_____

Message to Treasure

_____

_____

_____

_____

Guest Name

_____

_____

Message to Treasure

_____

_____

_____

_____

Guest Name

_____

_____

Message to Treasure

_____

_____

_____

_____

Guest Name

_____

_____

Message to Treasure

_____

_____

_____

_____

Guest Name

_____

_____

Message to Treasure

_____

_____

_____

_____

Guest Name

_____

_____

Message to Treasure

_____

_____

_____

_____

Guest Name

_____

_____

Message to Treasure

_____

_____

_____

_____

Guest Name

_____

_____

Message to Treasure

_____

_____

_____

_____

Guest Name

_____

_____

Message to Treasure

_____

_____

_____

_____

Guest Name

_____

_____

Message to Treasure

_____

_____

_____

_____

Guest Name

_____

_____

Message to Treasure

_____

_____

_____

_____

Guest Name

_____

_____

Message to Treasure

_____

_____

_____

_____

_____

Guest Name

_____

_____

Message to Treasure

_____

_____

_____

_____

_____

Guest Name

_____

_____

Message to Treasure

_____

_____

_____

_____

Guest Name

_____

_____

Message to Treasure

_____

_____

_____

_____

Guest Name

_____

_____

Message to Treasure

_____

_____

_____

_____

Guest Name

_____

_____

Message to Treasure

_____

_____

_____

_____

Guest Name

_____

_____

Message to Treasure

_____

_____

_____

_____

_____

Guest Name

_____

_____

Message to Treasure

_____

_____

_____

_____

Guest Name

_____

_____

Message to Treasure

_____

_____

_____

_____

Guest Name

_____

_____

Message to Treasure

_____

_____

_____

_____

Guest Name

_____

_____

Message to Treasure

_____

_____

_____

_____

_____

Guest Name

_____

_____

Message to Treasure

_____

_____

_____

_____

_____

Guest Name

_____

_____

Message to Treasure

_____

_____

_____

_____

Guest Name

_____

_____

Message to Treasure

_____

_____

_____

_____

Guest Name

_____

_____

Message to Treasure

_____

_____

_____

_____

Guest Name

_____

_____

Message to Treasure

_____

_____

_____

_____

Guest Name

_____

_____

Message to Treasure

_____

_____

_____

_____

Guest Name

_____

_____

Message to Treasure

_____

_____

_____

_____

Guest Name

_____

_____

Message to Treasure

_____

_____

_____

_____

Guest Name

_____

_____

Message to Treasure

_____

_____

_____

_____

Guest Name

_____

_____

Message to Treasure

_____

_____

_____

_____

Guest Name

_____

_____

Message to Treasure

_____

_____

_____

_____

Guest Name

_____

_____

Message to Treasure

_____

_____

_____

_____

Guest Name

_____

_____

Message to Treasure

_____

_____

_____

_____

Guest Name

_____

_____

Message to Treasure

_____

_____

_____

_____

Guest Name

_____

_____

Message to Treasure

_____

_____

_____

_____

Guest Name

_____

_____

Message to Treasure

_____

_____

_____

_____

Guest Name

_____

_____

Message to Treasure

_____

_____

_____

_____

Guest Name

_____

_____

Message to Treasure

_____

_____

_____

_____

Guest Name

_____

_____

Message to Treasure

_____

_____

_____

_____

Guest Name

_____

_____

Message to Treasure

_____

_____

_____

_____

_____

Guest Name

_____

_____

Message to Treasure

_____

_____

_____

_____

Guest Name

_____

_____

Message to Treasure

_____

_____

_____

_____

Guest Name

_____

_____

Message to Treasure

_____

_____

_____

_____

Guest Name

_____

_____

Message to Treasure

_____

_____

_____

_____

Guest Name

_____

_____

Message to Treasure

_____

_____

_____

_____

Guest Name

_____

_____

Message to Treasure

_____

_____

_____

_____

Guest Name

_____

_____

Message to Treasure

_____

_____

_____

_____

Guest Name

_____

_____

Message to Treasure

_____

_____

_____

_____

_____

Guest Name

_____

_____

Message to Treasure

_____

_____

_____

_____

_____

Guest Name

_____

_____

Message to Treasure

_____

_____

_____

_____

Guest Name

_____

_____

Message to Treasure

_____

_____

_____

_____

Guest Name

_____

_____

Message to Treasure

_____

_____

_____

_____

Guest Name

_____

_____

Message to Treasure

_____

_____

_____

_____

Guest Name

_____

_____

Message to Treasure

_____

_____

_____

_____

_____

Guest Name

_____

_____

Message to Treasure

_____

_____

_____

_____

_____

Guest Name

_____

_____

Message to Treasure

_____

_____

_____

_____

Guest Name

_____

_____

Message to Treasure

_____

_____

_____

_____

Guest Name

_____

_____

Message to Treasure

_____

_____

_____

_____

Guest Name

_____

_____

Message to Treasure

_____

_____

_____

_____

Guest Name

_____

_____

Message to Treasure

_____

_____

_____

_____

Guest Name

_____

_____

Message to Treasure

_____

_____

_____

_____

Picture Memories

Picture Memories

Picture Memories

Picture Memories

Picture Memories

Bonus Gift Package

**DOWNLOADABLE PRINTABLE
A4 GIFT TRACKER
 A4 PARTY INVITATION
A4 THANK YOUS**

http://bit.ly/1950s-Freebies

Made in the USA
San Bernardino, CA
23 June 2019